FRAGMENT
D'UNE LETTRE
SUR
LA POLICE DES GRAINS.

A BRUXELLES,

Et se trouve à Paris

Chez MUSIER Fils, Libraire, quai des Augustins.

M. DCC. LXIV.

FRAGMENT D'UNE LETTRE

SUR LA POLICE DES GRAINS.

... VOUS demandés quelles ſont les Loix des Royaumes de Naples & de Sicile, relativement au commerce des Grains. Vous ſoupçonnés que la diſette actuelle de ces pays pourroit bien venir de quelque vice dans cette partie de l'Adminiſtration ; & vous croyés qu'en indiquant ces vices, on pourroit répondre à une objection que font quelques perſonnes, qui diſent: *Voilà un pays qui produit plus de*

Bleds qu'il n'en consomme, qui exporte continuellement, & qui cependant éprouve la disette : la liberté de l'exportation ne procure donc pas l'abondance & le bon marché, comme le prétendent les défenseurs de la liberté du commerce des Grains.

En rèpondant à cette objection, je satisferai en même tems à vos autres questions ; vous verrés vos soupçons justifiés. Vous verrés qu'à qu'à Naples & en Sicile, comme en France, les soins que se donne le Gouvernement pour assurer la subsistance de Peuples, entraînent après eux les suites les plus funestes. Vous verrés que là, comme ici, le défaut de liberté dans l'exportation amene les disettes & le dépérissement de l'Agriculture. Vous y verrés, en un mot, une nouvelle confirmation du principe de la liberté du commerce des Grains, démontré ſi évidemment dans tant d'Ecrits, & auquel j'oſe dire qu'on ne peut ſe refuſer que par défaut d'attention, par foibleſſe ou par intérêt.

Il paroît qu'en vous faiſant l'objection que vous me préſentés, on a ſuppoſé que l'exportation ~~du commerce~~ des Grains eſt libre dans les Deux-Siciles; & il n'y a rien de plus contraire à la vérité que cette ſuppoſition. Vous allés en juger par le précis que je vais mettre ſous vos yeux de ce que j'ai recueilli ſur cela dans mon voyage d'Italie en 1758. Voyons d'abord ce qui ſe pratique dans le Royaume de Naples.

On ne peut point extraire de Grains ſans une permiſſion du Gouvernement, particuliere pour chaque Négociant qui la demande, & qui eſt obligé de payer un droit de Traite. On fixe ordinairement la quotité de ce droit dans le mois d'Octobre de chaque année. Cette fixation n'eſt cependant pas légale, c'eſt-à-dire, qu'elle n'eſt pas prononcée par le Gouvernement en forme de loi. On ſait ſeulement qu'un tel Négociant a obtenu la permiſſion d'extraire une certaine quantité de Bleds, en payant tant par *tomolo*; & on dit alors que les droits de Traite ſont à tant. Par la même raiſon, cette fixation n'eſt pas générale pour tous les Négocians; de ſorte que le ſecond qui demande la permiſſion d'extraire, peut payer plus que le premier, & le troiſieme plus que le premier & le ſecond, pour peu que les circonſtances ſoient changées ; que les craintes de manquer de Bled dans le Pays, ou pour l'approviſionnement de la Capitale, ſoient répandues & adoptées par ceux qui ſont à la tête de cette adminiſtration.

Cette augmentation des droits de Traite a principalement lieu, lorſque les demandes des étrangers deviennent plus conſidérables, ou que les récoltes ſont peu abondantes ; alors le droit eſt ſubitement hauſſé, & quelquefois porté au double, de ſorte que des Grains annoncés par un Négociant à ſon Correſpondant, comme devant payer un certain droit, ne peuvent plus être exportés, lorſque la commiſſion s'exécute, qu'en payant un tiers en ſus, ou le double des droits qui lui avoient été annoncés. Incertitude qui oblige les Négocians à ſtipuler par qui l'augmentation du droit ſera payée, ſuppoſé qu'elle ait lieu; ſi elle ſera ſupportée par le vendeur ou par l'acheteur, ou également par les deux contractans, *&c.*

Outre que cette fixation des droits de Traite n'eſt ni certaine, ni générale pour la quotité, elle eſt encore incertaine pour le tems auquel elle eſt notifiée, c'eſt-à-dire, que ce n'eſt pas toujours dans le mois d'Octobre qu'on commence à permettre l'extraction, à condition de payer le droit de Traite. La récolte eſt ordinairement achevée dans les premiers jours du mois d'Août. Alors on examine l'état des récoltes, on entend les plaintes des Provinces qui ont eu une année moins bonne, & qui craignent la diſette ſi les autres Provinces exportent. On conſulte l'Elu du peuple de la Capitale, ville peuplée de 450 mille habitans, & dont la conſommation eſt immenſe. On lui permet de faire les approviſionnemens qu'il prétend néceſſaires : pendant ce tems la ſaiſon s'avance ; & ſouvent, avant que toutes ces précautions ſoient priſes, on atteint le mois de Novembre & de Décembre ſans qu'il ſe ſoit fait encore d'exportations : alors la mer eſt impraticable, les embarquemens difficiles, les étrangers ſont quelquefois déja pourvus, & l'occaſion favorable de la vente pour cette année perdue ſans retour. De-là il arrive, comme en France, que le défaut de vente & d'exportation fait ſouvent périr les Bleds dans les magaſins. En 1749 on en a jetté beaucoup à la mer.

Dans un commerce dépendant ainſi de la volonté des Magiſtrats, il eſt impoſſible que le monopole, enfant des loix vicieuſes (& non de la liberté), n'exerce pas tous ſes ravages, & c'eſt ce qui arrive dans le Royaume de Naples comme en France. On prétend au moins que les Elus du peuple abuſent ſouvent du pouvoir que leur donne cette Magiſtrature pour favoriſer quelques Négocians, en partageant avec eux les profits d'une exportation qui leur eſt permiſe avant qu'elle le ſoit aux autres, ou qui leur eſt permiſe ſous des droits de Traite moins conſidérables.

Outre ces contraintes, qui ſont générales pour tout le Royaume de Naples, il y en a encore de particulieres relativement à la Capitale & à tout le pays qui l'entoure. Il eſt défendu en tout tems d'extraire les Bleds d'un certain eſpace de pays deſtiné à fournir à l'approviſionnement de la Capitale, & qui comprend 40 milles à la ronde de terres de la plus grande fertilité, c'eſt-à-dire, la Terre de Labour, *la Campagna felice.*

Cette défenſe doit néceſſairement cauſer, comme en France, une obſtruction, & apporter des obſtacles à la circulation des Grains dans l'intérieur. Il eſt vrai qu'elle eſt bien inutile ; car on n'eſt pas tenté d'exporter aux étrangers avec des frais de tranſport, & les riſques de la mer & du commerce, une denrée qui ſe vend au marché voiſin, c'eſt-à-dire, dans la Ville de Naples, à un prix plus haut que celui que les étrangers en peuvent donner. D'ailleurs les Grains de cette partie du Royaume, qui eſt infiniment peuplée, ſont employés en grande quantité à ces Pâtes dont il ſe fait une conſommation immenſe, & il eſt plus avantageux de les employer ainſi que de les vendre en nature en concurrence avec les Bleds de la Pouille : mais l'eſprit de prohibition montre encore ſon deſpotiſme en ce qu'il déſend ſouvent ce que perſonne n'a envie de faire, & qu'il porte des loix ſans objet.

Voilà aſſez de faits ſans doute pour faire voir que le commerce des Grains n'eſt pas libre dans le Royaume de Naples : mais que ſera-ce ſi le droit de traite, dont nous n'avons parlé juſqu'ici qu'en général, eſt aſſez conſidérable pour équivaloir à une prohibition, s'il eſt exceſſif, s'il eſt de 20, de 25, de 30, & quelquefois de 40 & 50 pour cent de la valeur de la denrée ? Dira-t-on que le commerce des Bleds eſt libre ? Or voici ſur cela des détails ſur l'exactitude deſquels on peut compter.

Ce droit étoit à l'avenement du Roi d'Eſpagne à la Couronne de

Naples, (en 1734) de deux carlins, (environ 16 ſols de France) le tomolo, (c'eſt-à-dire 82 livres, environ le tiers du ſeptier de Paris) : il étoit en 1758, de deux carlins & demi : & c'eſt-là le prix ordinaire.

On voit d'abord qu'à ſuppoſer le prix du Bled à 10 carlins le *tomolo*, ce qui eſt ſon prix commun dans la Pouille, deux carlins & demi ſont un impôt de 25 pour cent ſur la valeur de la denrée ; & peut-on regarder comme libre un commerce chargé d'un droit de 25 pour cent ? Ce droit même dans le cours ordinaire des choſes, c'eſt-à-dire, lorſque les demandes ne ſont pas conſiderables de la part des étrangers, & que la récolte eſt abondante dans toutes les provinces, eſt un obſtacle puiſſant à la ſortie & à la vente des Grains, & par conſéquent à leur reproduction.

Mais c'eſt bien pis encore lorſque la récolte n'eſt pas abondante; car, comme je l'ai remarqué plus haut, le miniſtere alors hauſſe ordinairement le droit juſqu'à 3 & 4 carlins: il n'y a point de commerce qui puiſſe ſupporter des droits auſſi exceſſifs: il n'y a point de commerce qu'on puiſſe regarder comme libre lorſqu'il eſt chargé de pareilles entraves. Enfin, & pour achever de vous donner une idée du peu de liberté qu'on accorde à Naples au commerce des Grains, je ne ferai que vous tranſcrire un article de la Gazette de France.

De Naples le 31 Mars 1764.

» Avant hier, il eſt ſorti de ce
» Port une Frégate, deux Chebecs
» & deux Galliotes, qui paſſent
» dans le Golphe de Veniſe, tant
» pour intercepter que pour eſcor-
» ter les Bâtimens qu'ils rencontre-
» ront chargés de grains. Les dé-
» ſordres que la diſette occaſionne
» dans cette Capitale, augmentent
» chaque jour. Il eſt d'autant plus
» difficile de remédier à la famine,
» que d'un côté le Corps-de-Ville
» chargé de l'approviſionnement,
» ne permet pas aux particuliers d'a-
» cheter le grain que les étrangers
» apportent, & que de l'autre la
» Ville ne veut le payer que ce qui'l
» lui plaît; cette police décourage

» & éloigne les vendeurs, dont
» l'affluence feroit naturellement &
» dans peu de tems tomber le prix
» de cette denrée. La désolation
» publique est encore augmentée
» par l'excessive cherté du riz,
» des légumes, des fruits, des her-
» bages & autres comestibles, dans
» lesquels chacun cherche des res-
» sources contre la disette du Pain.

Gazette de France, n°. 34. Avril 1764.

Voilà ce que j'avois à vous dire, relativement au Royaume de Naple. La liberté du commerce des Grains n'est pas plus grande en Sicile.

Je vois dans un Mémoire que j'ai entre les mains, & qui est un de ceux que vous avez eu la bonté de me communiquer, qu'on ne peut faire sortir des Bleds pour l'Etranger sans un ordre du Viceroi, par la voie du Tribunal qu'on appelle du Patrimoine. Suivant les demandes ou le besoin qu'on a d'argent, la permission pour cette extraction coûte jusqu'à 30 & 40 tarins par salme. (Le tarin vaut environ huit sols de France, & le salme pese un peu plus que cinq septiers de Paris.) L'Auteur remarque que ces droits excessifs ont diminué beaucoup les achats des Bleds que les Gènois & les François faisoient en Sicile; que les François en particulier en vont charger au Levant, où les droits n'étant pas si considérables, les Bleds leur reviennent à meilleur marché. On voit par là que des dès 1728, tems auquel le Mémoire que je cite eſt écrit, le commerce des Grains n'étoit pas libre en Sicile. Depuis cette époque, l'adminiſtration eſt devenue plus gênante: car ſur toute la ſurface de la terre, les Loix ſe multiplient ſans beſoin.

En général le droit de traite & les autres contraintes qu'éprouve ce commerce, ſont en Sicile à-peu-près les mêmes que dans le Royaume de Naples, avec les mêmes abus & de plus grands encore, qui ſont la ſuite de l'Etat politique de cette Iſle.

Le Gouvernement féodal ſubſiſte en Sicile avec toute ſa barbarie. Le Peuple eſt opprimé par les Grands, l'Agriculteur eſt eſclave, & les Barons autant de petits tyrans. Un des droits que les Barons s'arrogent, eſt de pouvoir ſeuls vendre les Bleds; ils forcent l'Agriculteur à leur céder ſes Grains au prix courant du marché, & font excluſivement ce commerce. Ainſi ce n'eſt pas aux Agriculteurs qu'un Négociant peut s'adreſſer pour avoir des Bleds, il faut qu'il traite avec un Baron, qui lui dit qu'il peut fournir 40, 50 mille *tomoli*, ſuivant les facultés de ſes vaſſaux; alors il s'empare des Grains de ſes vaſſaux, les leur paye au prix *de la voix* (*della voce*), c'eſt le prix du marché; obtient du Gouverneur la traite, & profite ſeul du bénéfice que l'Agriculteur auroit pû faire. D'un autre côté, le Viceroi & le Tribunal du Patrimoine, lui font payer la traite le plus cher qu'il peuvent ; les Bleds de Sicile chargés de tant de droits, ne peuvent plus ſoutenir la concurrence des Bleds de Barbarie, & l'Agriculture ſouffre & déchoit.

On voit bien que dans cet état des choſes, le commerce des Bleds n'étant pas entre les mains de l'Agriculteur, les profits qu'il apporte ne ſont pas reverſés aſſez promptement à la terre pour aider à la production. La culture n'eſt pas excitée par les profits de la culture, qui continuent d'être très-modiques pour le Cultivateur, tandis qu'ils paſſent preſqu'entiérement entre les mains des Barons. *

C'eſt donc cette police des

* Une grande partie des Barons vit à Naples, & dans les grandes Villes des Deux Siciles.

Grains, ce prix excessif de la traite, ces Loix prohibitives, ce défaut de liberté, qui amenent les disettes & les famines dans les Royaumes de Naples & de Sicile : Ainsi il ne faut pas dire, *le commerce des Grains est libre dans deux Royaumes fertiles, & cependant on y est exposé à manquer de Grains.* Il faut dire : *on manque de Grains dans les Royaumes de Sicile & de Naples malgré leur fertilité, parce que le commerce des Grains n'y est pas libre ;* & il faut voir dans ce fait une confirmation nouvelle du principe incontestable de la liberté du commerce des Grains, & non pas une exception qu'on puisse lui opposer.

On ne se trompe pas à Naples même sur les causes des disettes &

du dépériſſement de l'Agriculture ; & tandis qu'on prétend s'appuyer à Paris de l'exemple de ces pays pour juſtifier les vices de notre administration, j'entends des Napolitains deſirer que le commerce des Grains ne fût pas plus gêné chez eux que chez nous : ſouhait qui peut faire comprendre juſqu'à quels excès on a porté la contrainte dans ces pays prétendus libre, & qu'elle eſt la liberté dont on y jouit. C'eſt à ces Loix que les perſonnes éclairées de cette Nation attribuent le tranſport du commerce des Bleds de la Sicile, à l'Afrique & au Levant, où l'on s'eſt mis à cultiver une grande quantité de Bled au lieu de Ris : La diminution des exportations des deux Siciles : le dépériſſement de l'Agriculture, la diſette, & enfin la néceſſité où ſe voyent ſouvent ces pays fertiles d'acheter des bleds étrangers. Il faut en convenir, il n'y a que les loix que quelques perſonnes appellent de bonnes loix, qui puiſſent rendre ainſi un pays d'abondance & de fertilité, eſclave & tributaire de ſes voiſins pour ſa propre ſubſiſtance; mais la nature a beau être féconde, une fauſſe politique trouve encore l'art de l'épuiſer, ou au moins de rendre inutile aux hommes toute la profuſion de ſes bienfaits.

Voilà, je crois des preuves ſuffiſantes de cette aſſertion, que le commerce des Bleds n'eſt pas libre à Naples & en Sicile, & des obſervations qui renverſent l'objection qu'on vous a propoſée, fondée ſur cette prétendue liberté : Mais je vous avoue que c'eſt à regret que je me ſuis occupé de cette queſtion de fait, qui me paroît, comme toutes les queſtions pareilles, en matiere d'adminiſtration, abſolument oiſeuſe & inutile à traiter & à decider.

Quand la liberté la plus grande feroit établie dans les deux Siciles, & qu'avec la liberté ces pays éprouveroient des diſettes, je ne me croirois pas obligé d'abandonner pour cela les principes de la liberté du commerce. Il pourroit y avoir des cauſes de dépériſſement de l'Agriculture & du commerce des Grains que je ne connoîtrois pas, & qui pourroient être inconnues même à ceux qui gouvernent. Je ne pourrois pas expliquer pourquoi la liberté n'empêche pas les disettes en Sicile; & je n'en verrois pas moins évidemment qu'elle est absolument nécessaire en France. Il y a beaucoup de causes qui peuvent faire dépérir l'Agriculture, & ruiner un pays indépendemment de la défense d'exporter les productions de la terre; on peut s'en reposer sur l'ignorance presque générale des vrais principes du Gouvernement, sur les erreurs des hommes, sur leur fausse science, & quelque fois sur leur méchanceté, pour s'assurer que les causes de malheur & de destruction ne manqueront jamais à l'humanité.

De même quand tous les Etats de l'Europe auroient des Loix prohibitives, & avec ces Loix n'éprouveroient

veroient jamais de disettes, je ne m'en croirois pas moins en droit de regarder les prohibitions comme vicieuses. Je dirois encore que ces prohibitions sont un obstacle à une abondance plus grande, parce qu'il est impossible qu'une loi prohibitive en ce genre, quelle qu'elle soit, de quelque maniere qu'elle soit conçue, quelque leger que soit son joug, ne nuise pas à la production.

Après cela, & quand on connoît le prix des principes, qu'a-t-on besoin de sçavoir ce qui se fait en Angleterre ou à Naples sur le commerce des Grains ? Avec l'amour des hommes & de la vérité, la simple théorie en cette matiere peut conduire plus sûrement à une sage administration, que l'exemple de toutes les Nations de la Terre.

Il n'y a point de principe si détestable en Politique & en Administration, que je ne me fasse fort d'appuyer de quelques faits qu'on ne pourra ni nier ni expliquer : il n'y a point de vérité reconnue que je ne puisse ébranler en citant quelques faits, qui feront la plus grande impression sur les esprits foibles & timides. Je prouverai qu'il est meilleur que le peuple soit malheureux par l'exemple des Nations riches & puissantes qui ont été en proie aux guerres civiles. Je prouverai qu'il faut que le paysan soit serf, & que quelques milliers d'hommes, sous le nom de Seigneurs, se partagent la Terre, par l'exemple de pays où le payſan eſt heureux, quoiqu'il ſoit eſclave. Je prouverai que le deſpotiſme eſt le meilleur de tous les gouvernemens, en citant l'exemple des Turcs & des Chinois, & je ne manquerai pas d'autorités de voyageurs irréprochables, qui nous les repréſentent comme très-heureux. Je prouverai qu'il faut étouffer les lumieres & la raiſon dans l'eſprit humain, & ramener l'ancienne barbarie, par l'énumération des maux qui ont affligé les hommes depuis les progrés de la Philoſophie. Il n'y a point de paradoxe que je n'établiſſe, ſi on veut attacher de l'importance à tous les faits que je citerai, ou au moins il n'y a point de certitude que je n'ébranle dans l'eſprit de celui qui ne tiendra pas fermement aux principes une fois prouvés, & qui voudra toujours qu'on lui explique tous les faits.

Les faits ſont utiles ſans doute, & la connoiſſance en eſt néceſſaire. Mais voici en quel ſens: ils ſont utiles pour conduire l'eſprit, & pour réveiller l'attention dans la recherche des principes : mais ils ne forment point les principes. Jamais d'un fait, ni même de pluſieurs faits en Politique & en Adminiſtration, on ne peut légitimement conclure un principe général ; il faut toujours que la maxime d'Adminiſtration ou de Politique, ſoit appuyée ſur le fondement de la nature des choſes. En Métaphyſique & en Phyſique, on va d'un fait connu à un fait caché, qu'il s'agit de deviner. En Morale & en Politique, il s'agit de découvrir, non ce qui est fait, mais ce qu'il faut faire : c'est une machine à construire ; & pour y parvenir, il faut partir de la nature des choses. Qu'une paille ait arrêté la meilleure des montres, on n'en peut jamais rien conclure contre les principes de sa construction. Ce n'est pas parce que la fureur des conquêtes a perdu de grands Etats, qu'il est absurde à un Souverain d'avoir la fureur des conquêtes ; c'est parce que la fureur des conquêtes dans le Souverain entraîne nécessairement les Etats & le Souverain dans tous les maux politiques, & cela par la nature même des Sociétés politiques. Abandonnés une fois ce guide, la nature, & la connoisſance la plus profonde & la plus détaillée des faits, ne vous tirera jamais du labyrinthe où vous vous trouverez perdu.

Tous les problèmes de Politique & d'Adminiſtration, peuvent toujours ſe réduire à cette queſtion générale : *Comment ſe conduiront les hommes dans une telle circonſtance donnée?* Par exemple, dans la queſtion de la liberté du commerce des Grains, il s'agit de ſçavoir comment ſe conduiront les Agriculteurs & les Marchands de Bleds nationaux & étrangers, ſi le commerce de cette denrée eſt libre en France. Nous voyons dans la nature de l'homme un principe d'action toujours ſoutenu, toujours vigilant, toujours énergique : l'*intérêt*. N'en pouvons-nous pas conclure, 1°. que si l'Agriculteur vend son bled à un meilleur prix, il sera encouragé par son propre intérêt à travailler la terre avec plus de soin, & à augmenter la reproduction ? 2°. Que si dans un pays où l'entrée & la sortie des Grains sont libres on manque de bleds, le bled y étant dès-lors plus cher, on y en portera de tous les endroits où il est à meilleur marché, parce que ce sera l'intérêt du Marchand étranger, que l'espoir du gain attirera sûrement, si des loix gênantes ne le repoussent pas. 3°. Que le Marchand national, toujours guidé par son intérêt, ne s'avisera pas d'extraire une denrée d'un pays où elle est chere, pour la porter à ceux qui la payeront moins bien. Faudra-t-il donc consulter l'Histoire ancienne & moderne, & sçavoir comment se conduisoient les Grecs & les Romains, & comment se conduisent aujourd'hui les Anglois & les Napolitains pour prévoir ce qui arrivera?

Voilà, me dirés-vous, une satyre bien amère des faits. Je vous l'avoue, c'est que je ne puis entendre tranquillement opposer de prétendus faits à des raisons décisives, à des démonstrations rigoureuses. D'après les détails dans lesquels je suis entré sur le fait sur lequel vous m'avés demandé un éclaircissement, vous serés convaincu que ce n'est ni la paresse ni l'esprit de systême, au sens défavorable qu'on donne souvent à ce mot, qui m'ont dicté les Réflexions que vous venés de lire. Il n'y a point de fait opposé à un principe démontré, qui ne soit faux ou explicable : mais les moyens d'expliquer ne sont pas toujours présens, & on n'a pas toujours sous la main les preuves de la fausseté du fait allégué. Alors les esprits foibles & timides qui attachent trop d'importance aux faits, & trop peu aux principes, doutent, balancent, & finissent souvent par suivre la plus funeste de toutes les maximes en matiere d'Administration, qui est de laisser les choses comme elles sont. Je vous avoue que je crains bien qu'on ne décide encore en France de cette maniere la question du commerce des Grains : j'en suis bien véritablement affligé ; parce que je ſuis bien perſuadé que nos Loix ſur cette partie de l'Adminiſtration ſont eſſentiellement deſtructives de la richeſſe & de la grandeur de l'Etat, de ſon agriculture & de ſa population. Je ne penſe pas non plus qu'il faille adopter la Police Angloiſe dont un homme éclairé vient de nous développer les défauts avec tant de force & de netteté *. Je ſuis convaincu qu'il n'y a qu'une liberté entiere & illimitée, qui puiſſe ranimer chez Nous l'Agriculture languiſſante, & que cette partie eſſentielle de l'économie politique, ne parviendra jamais à l'état floriſſant

* Voyez la brochure intitulée, *Reflexions ſur la Police des Grains en France & en Angleterre.*

auquel elle peut arriver, que lorſque le Gouvernement oubliera qu'il croît du bled en France, & que le bled eſt néceſſaire pour vivre.

FIN.

www.ingramcontent.com/pod-product-compliance
Ingram Content Group UK Ltd.
Pitfield, Milton Keynes, MK11 3LW, UK
UKHW021532260726
13993UKWH00004B/1957

9 782329 411118